Meine erste Waschmaschine
als Junggeselle

Reinhard Clement:

Meine erste Waschmaschine als Junggeselle

Wortspiele und Wortwitz in Reimen

*Bibliografische Information der Deutschen Nationalbib-
liothek:*
*Die Deutsche Nationalbibliothek verzeichnet diese Pub-
likation in der Deutschen Nationalbibliografie; detail-
lierte bibliografische Daten sind im Internet über
http://dnb.dnb.de abrufbar.*

Herstellung und Verlag:
BoD – Books on Demand, Norderstedt

ISBN: 978-3-7568-4176-9

Inhaltsverzeichnis

Vorwortspiel

Zugegeben, in erster Linie schreibe ich für die Bühne. Schon beim Schreiben habe ich eine sehr genaue Vorstellung von der erforderlichen Betonung einzelner Worte und Passagen, die außerdem durch Mimik und Gestik zu unterstützen sind.

Oft werde ich nach einem Auftritt gefragt, ob meine Gedichte auch in Schriftform zu haben sind. Sie halten gerade 75 Stück davon in Ihren Händen.

Nach einem „roten Faden" bei der Auswahl meiner Gedichte werden Sie vergeblich suchen. Wenn ich irgendwo etwas sehe, höre, lese oder erlebe, dann kann ein Schreib-Reflex in mir ausgelöst werden. Dabei liebe ich es vor allem, mit Worten zu spielen. Unsere deutsche Sprache ist dafür eine wahre Fundgrube. Eine Prise Humor darf aber in keinem meiner Gedichte fehlen.

Und jetzt wünsche ich Ihnen viel Vergnügen.

Meine erste Waschmaschine

Als Single wollte ich allein,
und möglichst unabhängig sein.
Drum kaufte ich 'ne Waschmaschine,
auf dass sie meinem Alltag diene.

Auf Rollen stand sie und war schmal,
mit Technik anno dazumal.
Der Ablaufschlauch, der hing am Becken.
Sein Wasserstrahl war zum Erschrecken.

Drum musste ich stets wachsam sein,
ließ die Maschine nie allein.
Beim Auspumpvorgang blieb ich stehen,
um der Maschine zuzusehen.

Und oft genug ist's mir passiert,
hab auf den Wasserstrahl gestiert,
und dabei sah mein scharfes Auge:
Schon wieder keine Seifenlauge!

Waschmaschine, Fortsetzung

Der Wasserstrahl war klar und rein.
Verdammt nochmal, das darf nicht sein!
Schon wieder das Persil vergessen,
und nochmal mit dem Waschgang stressen!

Doch eines Tages stand ich Tor
erneut als Kontrolleur davor.
Und diesmal sah mein scharfes Auge
mit großer Freude Seifenlauge.

„Wie gut, dann ist ja alles klar.
Gleich bin ich fertig, wunderbar".
Ich öffnete mit froher Miene
den Deckel meiner Waschmaschine.

Verdammt! Ich war noch nicht am Ziel,
doch diesmal lag's nicht am Persil.
Ich war erschrocken, wie von Sinnen,
denn jetzt lag keine Wäsche drinnen.

Seit Monaten esse ich, um abzunehmen, zunehmend weniger

Verhungern will ich dabei nicht,
ich kontrolliere mein Gewicht.
Doch eine analoge Waage
die zweigt mir mein Gewicht nur vage.

Mich täglich wiegen, tut mir gut,
die neue Waage macht mir Mut.
Ich schau nach unten, kann im Stehen
zwei Stellen hinterm Komma sehen.

Denn diese Waage meiner Wahl,
misst haargenau und digital.
Mein heutiges Gewicht, das weiß ich,
ist sechzigkommaneununddreißig.
-
Ich mach daraus nicht viel Tamtam,
bin schlank und kerngesund.
Denn das sind sechzig Kilogramm
und neununddreißig Pfund.

Banküberfall

Die Tür flog auf, mit einem Male
erstürmten sie die Bankfiliale.
Vier Männer, die zu sonst nichts taugen,
mit schwarzen Masken vor den Augen.

Die wollten sich den Zaster holen,
sie fuchtelten mit den Pistolen.
„Wir möchten jetzt – wenn Sie erlauben -
gemeinsam diese Bank ausrauben.

Und wer dafür ist, hebt am Ende
ganz flink und munter seine Hände."
Der Vorschlag machte leicht beklommen.
Einstimmig wurd' er angenommen.

Ist Alkohol schädlich?

Der Alkohol soll schädlich sein,
das habe ich gelesen.
Drum lasse ich es lieber sein,
ich höre auf - zu lesen.

Imbissstube

Ich esse in den meisten Fällen
in Imbissstuben Frikadellen.
Oft sind in warmen und in kalten
zwei Brötchen mindestens enthalten.

Doch gestern sprach die Frau am Tresen:
„Das ist bei uns noch nie gewesen.
Der Chef tut selbst, wenn Sie bestellen,
das Fleisch in unsre Frikadellen."

Noch kauend fragte ich beklommen:
„Und wer hat's wieder rausgenommen?"

Rasenmäher

Mein Nachbar bat mich, zu verzeihen,
den Rasenmäher auszuleihen.
Ich sagte zu ihm: „Kein Problem,
im Gegenteil, sehr angenehm.

„Sie dürfen ihn sich einverleiben,
wenn Sie in meinem Garten bleiben."

Joghurt

An Joghurt kann es oftmals liegen,
drum rat' ich zum Verzicht.
Von Joghurt kann man Kinder kriegen.
Das wussten Sie noch nicht?

Ganz wild begann er sie zu küssen,
der junge Mann aus Mainz.
Sie hätte „nee Kurt" sagen müssen,
dann hätte sie jetzt keins.

Kabeljau

Ob aus der Pfanne oder „blau",
ich esse gerne Kabeljau.
Fehlt mal das Kabel, gibt's kein Stress,
ich mag den „Jau" auch „wireless".

Übergründlich

Frau Meier steht für Sauberkeit,
sie putzt mit größter Gründlichkeit.
Der Fahrstuhl wird, weil oft benutzt,
in jedem Stockwerk durchgeputzt.

Schal

Manche Frau – wie jeder weiß -
sagt sich „ohne Fleiß kein Preis".
Stundenlang strickt sie herum,
mit und ohne Publikum.
Maschen, Maschen, ohne Zahl,
und das Resultat heißt: Schal.

Mir wär das nicht angenehm,
ich mag's lieber ganz bequem.
Nachmittags um zehn nach vier
sitze ich vor meinem Bier.
Deutlich später trink' ich mal,
und das Resultat ist schal.

Ochsenschwanzsuppe

Die Suppe wird sehr gern serviert,
doch ist ihr Name antiquiert.
Sie soll – man wird sich darum reißen –
jetzt Bullenriemencocktail heißen.

Dichterwettstreit (Poetry Slam)

Mit Texten voller Fantasie
wollt' ich zum Slam für Poetry.
Doch neulich sah ich gar kein Licht.
Der Saal verschlossen, alles dicht.

Geplant war dort ein Dichterwettstreit,
doch dann war's nur ein dichter Wettstreit.

Gezeitenkalender an der Nordsee

Ein Stückchen oberhalb des Sandes,
da führt ein Weg entlang des Strandes.
Doch darf ich an der Promenade
nicht schlendern, wann ich will, wie schade.

Denn nur zu ganz bestimmten Zeiten
da soll man diesen Weg beschreiten.
Verehrte Kurverwaltungsschufte,
ich bleib nicht länger, ich verdufte.

Weil, - mir geht nichts so auf den Sender
wie dieser **Geh**-Zeiten-Ka**len**der.

Gezeiten im Automobil

Die Autowarnblinklichtanlage
betätigte ich dieser Tage
und war begeistert von dem Licht,
das angeht und dann wieder nicht.

Sie werden zyklisch mich begleiten,
der Lichter An- und AusGEhZEITEN.

Irrtümer und Verwechslungen

So mancher Irrtum, der wiegt schwer,
und korrigieren geht nicht mehr.
Ein Mann, der kam ins Krankenhaus,
es sollten nur die Mandeln raus.

Jedoch ein Fehler ist geschehn,
denn leider gab es ein Versehn.
Man schob den armen Kerl – oh weh –
verkehrt herum in den OP.

Lose Schrauben

Ich lese es und kann's nicht glauben,
im Baumarkt gibt es „lose Schrauben".
Doch lose Schrauben hab ich satt,
denn gut ist dran, wer keine hat.

Das wird mir noch die Sinne rauben!
Wo bitte, krieg ich **<u>feste</u>** Schrauben?

Umkehr

Er kann schon nicht mehr richtig stehen,
geht schwankend aus der Kneipe raus.
Doch was bekommt er da zu sehen?
Die Heilsarmee steht vor dem Haus.

Die woll'n den jungen Mann bekehren
im Mitternachts-Delirium.
„Dein Weg ist falsch", woll'n sie ihn lehren.
„Drum ändre ihn und kehre um."

Der junge Mann, der sieht das ein.
Er dreht sich rum, geht wieder rein.

Komplimente

Sag ab und zu ein Kompliment,
das freut die Menschen sehr.
So dachte ich, in dem Moment
kam eine Frau daher.

Ganz aufgetakelt, viel zu bunt,
sie tat mir fast schon leid.
Ich sah auf ihren roten Mund,
den schönsten **weit** und **breit**.

Ich war verwirrt, konnt' nicht dafür
sie ständig anzusehn,
war fassungslos, und sprach zu ihr:
„Sie sind bezaubernd schön."

Sie dankte für das Kompliment
und sagte: „Lieber Mann,
sehr schade, dass ich's im Moment
nur nicht erwidern kann."

„Madam, das ist ja fürchterlich,
es fehlt die Phantasie?
Dann machen Sie's doch so wie ich.
Nur mutig, lügen Sie."

Preiswert

Hurra, hurra, es gibt sie noch,
die preiswerten Gerichte.
Erst gestern ich den Braten roch,
weshalb ich dieses dichte.

Ich aß in einem Restaurant
'nen guten Schweinebraten,
Gemüse, Soße mit viel Schmand,
und leckeren Salaten.

Und war das teuer? Keine Spur.
Es war zum „Sinne rauben".
Das kostete sechs Euro nur.
Fantastisch, - kaum zu glauben.

Den Haken daran hätte ich
nun beinahe vergessen.
Für zwanzig Euro musste ich
noch Pommes dazu essen.

Sehnen

Ich saß im Wiener Rathauskeller
mit einem Steak auf meinem Teller.
Das arme Rind, es tat mir leid,
es lebte nur in Einsamkeit.

Das ist gänzlich abzulehnen.
Selbst das Steak war voller Sehnen.

Thermometer

Das Thermometer fällt und fällt,
als würd es kalt auf dieser Welt.
Dann fällt es weiter, immer weiter.
Und trotzdem ist das Wetter heiter.

Doch jetzt bin ich total verwirrt.
Ist es die Kälte, die da klirrt?
Es sind die Splitter, diese bunten.
Das Thermometer, das liegt unten.

Präzise Wegbeschreibung

Ne Weg-Beschreibung, so wie diese,
die bringt mich sicher an mein Ziel.
Sie ist sehr gut, und höchst präzise,
so habe ich ein leichtes Spiel.

„Sie fahrn in dieser Richtung weiter,
vorbei am äuß'ren Siedlungsrand.
Die Straße wird dort langsam breiter,
dann kommt die Kirche rechter Hand.

Die Kirche mit den roten Steinen,
und mit der weißen Kirchturmuhr,
mit großem Zeiger und mit kleinem,
und Glockenschlag pro Stunde nur.

Wo sonntags stets der dicke Pfarrer
die stundenlange Predigt hält.
Mit dieser Miene, starr und starrer,
als wär er nicht von dieser Welt.

Wegbeschreibung, Fortsetzung

Die Kirche mit der schweren Pforte,
dem schmalen Weg zum Pfarrershaus,
mit Marmor von der feinsten Sorte.
Dort fahrn sie weiter geradeaus.

Dann kommt die große Einkaufsmeile
mit Kino und Friseursalon.
Danach geht's weiter eine Weile,
vorbei am Fußballstadion.

Direkt dahinter, linke Seite,
zweigt eine schmale Straße ab.
Die ist es nicht, es ist die breite.
Sie biegen viel, viel später ab."

Um mich in Sicherheit zu wiegen,
hat er mir dieses noch genannt:
„Sie brauchen dort erst abzubiegen
wo früher mal der Kiosk stand."

Flüchtling oder Geflüchteter?

Ich bin verwundert wie noch nie,
geflüchtet in die Fantasie,
denn Worte mit der Endung „ling"
sind nicht erwünscht, ein seltsam' Ding.

Der Lehrling ist nicht mehr gefragt,
Gelehrter wird jetzt nur gesagt.
Ein Drilling, der ist auch tabu,
Gedrillter sagt man nun dazu.

Im Fischgeschäft ist's noch verrückter,
der Bückling ist jetzt ein Gebückter.
Statt Häftling ein Gehäfteter,
statt Schmetterling Geschmetterter.

Knochen gebrochen?

Ich fiel auf meine morschen Knochen
und lag am Boden, hatte Durst.
Zum Glück, - ich hatte nichts gebrochen,
nur meine letzte Currywurst.

Novemberstürme
oder: **Ich esse gern**

Ich mag nicht dieses Essverhalten
der ausgemergelten Gestalten.
Ich esse gern, hab wenig Falten,
und bin nicht ständig angehalten,
wenn es die Stürme gibt, die kalten,
mich an Laternen festzuhalten.

Tiefer

Mein lieber alter Ehemann,
was soll dein Blick, dein schiefer?
Denn noch ist alles an mir dran,
es hängt nur etwas tiefer.

Fortbewegung

Ich hab es täglich fortgesetzt,
mich ständig in den Ford gesetzt.
So wollte ich mich fortbewegen,
und laufend meinen Ford bewegen.

Zettelwirtschaft

Ich platze bald und könnte fluchen.
Schon wieder muss ich etwas suchen.
Ich wollte doch am frühen Morgen
noch etwas Wichtiges besorgen.

Drum hab ich mir das aufgeschrieben.
Wo ist der Zettel nur geblieben?
Demnächst muss ich, um mich zu stärken,
mir diesen Zettelstandort merken.

Darf nicht vergessen aufzuschreiben,
wo diese Zettel jeweils bleiben.
Ich hab's - es ist zum „Haare raufen"!
Ich wollte neue Zettel kaufen.

Küchenmixmaschine

Modernes Kochen geht ganz fix
in einem Vorwerk-Thermomix.
Ich schau' mit gutgelaunter Miene
auf diese Koch- und Mixmaschine.
Die technische Ästhetik spürend,
empfinde ich sie einfach rührend.

Wikipedia

Das Wissen ist für alle da
drum gibt es Wikipedia.
Denn Dinge, die uns interessieren
die kann man online recherchieren.

Ich schwärme von der alten Zeit
mit Bücherschränken, hoch und breit.
Computer sind mir rote Tücher,
ich mag die schweren, dicken Bücher.

Als kleiner Junge war ich schon
ganz scharf auf unser Lexikon.
Ich konnte dieses gut verwenden
mit seinen sechsundzwanzig Bänden.

Ich stapelte vorm Küchenschrank
drei Stück auf unsrer Holzfußbank,
dann stieg ich auf die ganze Chose.
So kam ich an die Zuckerdose.

Erst später musste ich entdecken:
Die Bildung ist kein Zuckerschlecken.

Klassentreffen

Mit neunzig Jahren fährt Herr Steffen
per Eisenbahn zum Klassentreffen.
Man unterhält sich, dann ist's raus.
Sein Ziel, es löst Erstaunen aus.

„Mit neunzig Jahren solche Ziele?
Da kommen aber nicht mehr viele?"
„Seit sieben Jahren", sagt Herr Steffen,
„bin ich der Einzige beim Treffen."

Populär

Der Gebrauch von Abführmitteln,
der ist **nicht** mehr populär.
Aber nimmst du Abführmittel,
dann ist wirklich Popo leer.

Was ich im Alter vermisse

Im Alter, da grüble ich vor mich hin.
Ich denk, dass ich nicht mehr der alte bin.

In der Arztpraxis

Mich hat die Grippe kalt erwischt,
drum bin ich schnell zum Arzt gezischt.
Ich registrierte voller Groll:
Der Warteraum war brechend voll.

Doch wo war die Frau Meyer nur?
Es gab nicht die geringste Spur.
Fast täglich ist sie dort zu sehn,
kommt meistens so um kurz vor zehn.

Doch diesmal war sie gar nicht da.
Ich sprach zu mir nanu, - na ja,
dann sitzt sie morgen wieder drin,
ich muss zur Blutabnahme hin.

Doch ward die Frau, die ich so mag
auch Dienstag und auch Donnerstag
und Freitag nicht beim Arzt gesehn.
Was ist denn bloß mit ihr geschehn?

In der Arztpraxis, Fortsetzung

Drei Wochen machte sie sich rar
und fehlte der Patientenschar.
Doch in der vierten Woche dann,
sie lächelte uns strahlend an:

„Nun raten Sie mal, wo ich war.
Ich war in Urlaub, wunderbar."
-
„Da sind Sie wieder, Gott sei Dank!
Wir dachten schon, Sie wären krank."

Streit nach der Scheidung

„Du hast versprochen schon beizeiten
den Unterhalt mir zu bestreiten."
Er äußert von der Seite sich:
„Ach, Schätzchen, das bestreite ich."

Eis

Ein Sommertag, und sehr, sehr heiß,
ich kaufe mir ein großes Eis
mit Erdbeer' und Vanille drauf.
Dann nimmt das Schicksal seinen Lauf.

Ich bleibe im Vorübergehn
bei einer Frau im Dirndl stehn.
Die junge Frau sie macht mich heiß,
dabei vergesse ich mein Eis.

Ich beug mich vor, und dann – oh weh -
ein Tropfen fällt ins Dekolleté.
Das geht zu weit, – wie jeder weiß.
Sie sagt zu mir: „Sehr dünnes Eis."

Nackt im Rathaus

Sind im Rathaus alle nackt,
nennt man das „Verwaltungsakt

Treueschwur

Dem Mädchen, das er auserkoren,
dem hat er einst vor langer Zeit
ihr ewig treu zu sein geschworen.
Bisher hat er das nie bereut.

Sie war gebildet und belesen
und hatte eine Top-Figur.
Sie ist so herrlich schlank gewesen,
denn einen Zentner wog sie nur.

Doch mit den Jahren kamen Pfunde,
ein zweiter Zentner kam hinzu.
Und haargenau aus diesem Grunde
lässt ihm die Frage keine Ruh:

Inzwischen ist er längst schon Rentner,
und er vermisst die Top-Figur.
„Was ist mit diesem zweiten Zentner?
Gehört der auch zum Treueschwur?"

Corona hat uns zwar sehr geärgert, Aber durch
Corona haben wir auch etwas gelernt. Oder
wussten Sie schon vorher, was eine Mutante ist?
Hier die Erklärung:

Mutante

Die Elsa hat gekalbt heut Nacht,
'ne kleine Kuh zur Welt gebracht.
Die Schwester aus dem Stall rausrannte,
„hurra, ich bin jetzt 'ne Muhtante."

Karate

Ich überlege, denke, rate.
Hm, was – zum Teufel – ist Karate?
Ich glaub, ich frag mal 'nen Bekannten,
denn der hat Ahnung von Brillanten.

Der Azubi und sein Kater

Er erwacht am Montagmorgen,
doch sein Kater macht ihm Sorgen.
Gerne würd er liegen bleiben,
schlafend sich die Zeit vertreiben.

Er versucht in solchen Fällen
seine Stimme zu verstellen:
„Guten Tag, Frau Meier-Felden,
ich will meinen Sohn abmelden.

Er kann nicht zur Arbeit kommen,
fühlt sich elend, ganz benommen,
liegt im Bett mit vierzig Fieber.
Arbeit wär ihm wahrlich lieber.

Sicherlich 'ne schwere Grippe
deshalb bin ich an der Strippe.
Hoffentlich gibt's kein Theater.“
„Hm, wer spricht denn da?“ - „Mein Vater“

Zwillinge

Gunther ist ihr Allerbester,
seine Frau ist Zwillingsschwester.
Anfangs hatte er Bedenken,
ihr sein ganzes Herz zu schenken.

Seine Angst, er könnt' die beiden
Zwillinge nicht unterscheiden,
hat ihn lang nicht losgelassen.
Dann war Hochzeit, hoch die Tassen!

Niemals will er sich mehr trennen,
kann die beiden gut erkennen.
Seine Frau ist schlank und zart,
und ihr Bruder hat 'nen Bart.

Biebelried (Ort in Bayern)

Noch kurz bevor der Mann verschied,
der Pfarrer ihm zur Bibel riet.

Schaumschläger

Ein Cappuccino ist ein Traum,
denn durch den herrlich zarten Schaum
wird dieser Kaffee zum Genuss,
verführerisch, so wie ein Kuss.

Und meine Frau nun allen rät:
„Die wirklich beste Qualität
die gibt es stets bei und zu Haus.
Mein Mann, der hat den Bogen raus.

Er macht den allerbesten Schaum.
Man spürt ihn auf der Zunge kaum."
Wer hört nicht gern solch Kompliment
von seiner Frau, die für ihn brennt.

Für sie bin ich ein Preisträger.
Ich bin ihr größter Schaumschläger!

Fantasie

Ich suchte es und fand es nie,
das Gegenteil von Fantasie.
Inzwischen ist es sonnenklar
was lange ein Geheimnis war.

Durchs Gegenteil, da wird im Nu
aus Fantasie nur Cola-du

Überschwänglicher Dank

Der Doktor traf einst einen Mann,
der dankte überschwänglich.
So etwas braucht man dann und wann,
dafür war er empfänglich.

„Wer sind Sie, der mich dankend kennt,
dass ich vor Neugier sterbe?
Sind Sie womöglich ein Patient?
Hm, - oder sind Sie Erbe?"

Einschlafprobleme?

Wars abends mal wieder extrem,
dann hab' ich ein Einschlafproblem.
Dann denk ich, was ist schon dabei,
und zähl immer wieder bis Drei.

Doch manchmal - ich kann nichts dafür -
dann zähl' ich bis Viertel vor Vier.

Igel

Hast du 'nen Igel aufgefunden,
der halb verhungert, arg geschunden,
so nimm ihn auf die Hand, die warme,
damit er nicht erfriert, der Arme.

Dann suchst du in den Ärztelisten
die Praktiker und Internisten.
Dort wird den Tieren, den bedrohten,
'ne „IGEL-Leistung" angeboten.

Von der Stange

Es gibt so viele Millionäre,
wenn ich doch auch so einer wäre.
Nach Reichtum sehn ich mich schon lange.
Bei mir gäb's nichts mehr von der Stange.

Nach Preisen würd ich gar nicht fragen,
würd nur noch Maßanzüge tragen.
Und Bilder, die ich bar bezahle
wärn selbstverständlich Originale.

Doch würd ich kleine Kinder machen,
mir nützte nichts von all den Sachen,
denn kleine Kinder sind schon lange
selbst bei den Reichen von der Stange.

Pfarrer verursacht Auffahrunfall

Erst fährt er auf, mit voller Wucht.
Dann gibt er Gas, der Pfarrer flucht.
Jetzt wird er landesweit gesucht.
Ein krasser Fall von Pfarrerflucht.

Fußpflege-Termin

Erst Schuhe, dann Socken, die Füße nackt,
und dann ihre Blicke, ich glaub' es hackt.
Sie sagte verwundert: „Mein Herr, oh weh.
Der ist ja ganz riesig, Ihr großer Zeh."

Sie müsste es wissen, mein Zeh ist groß.
Warum so verwundert und ahnungslos?
Ich sagte doch eingangs: „Frau Salome,
mein Name ist Clement, mit großem C."

Mäh

Ein „Mäh" auf Deichen und auf Wiesen,
das gibt's vor allem bei Ostfriesen.
Doch Fiete machts nicht wie die meisten,
denn Schafe kann er sich nicht leisten.

Der arme Kerl hat wenig Schotter,
er kauft sich einen Mäh-Roboter.

Vorsorge-Untersuchung

Schon lange geht er jedes Jahr
zum Urologen, - ist doch klar.
Der soll ihn gründlich untersuchen.
Das ist nicht schön, er könnte fluchen.

„Jetzt bitte bücken", klingt es barsch.
Und plötzlich spürt er was im – Arm.
Nein, dafür hat er keine Lobby
und niemals würde das sein Hobby.

Am Ende ruft er laut „Hurra" und
„hoch die Gläser, Prostata".
Und dann bekommt er – jede Wette -
die neue Männer-TÜV-Plakette.

Kurzes Gedicht

Ist gar nicht von Pappe,
dies kurze Gedicht,
und doch ‘ne Attrappe,
denn **mehr** steht hier nicht.

Rotwein oder Weißwein?

Als Autofahrer pass' gut auf,
statt Weißwein Rotwein, achte darauf.
Denn roter Wein kommt nie an das Licht.
Man sieht ihn bei der Blutprobe nicht.

Die lange Leiter

Die lange Leiter lehnt am Haus,
fast ragt sie übers Dach hinaus.
Der Mann darauf geriet ins Wanken,
'nem Windstoß war das zu verdanken.

Dann gab es einen lauten Schrei,
jedoch er hatte Glück dabei,
lag ohne Brüche in der Gosse.
Er stand nur auf der ersten Sprosse

Elektrische Zahnbürste

Ich bürste morgens hektisch
die Zähne nur elektrisch,
denn Morgenstund'
hat Volt im Mund.

Glasfaser- oder Hohlleitertechnik?

Getränkeservice

Ob Bier, ob Sekt, ob Saft, ob Most,
das alles liefert „Flaschenpost".
„getraenke.jetzt" und „durst.de",
wer blickt da durch? Ojemine.

Bestellt wird übers Internet,
mit Lieferung **fast** bis ans Bett.
Sie alle woll'n sich für dich sputen,
und liefern oft schon in Minuten.

Doch bald gibt's neue Lieferarten,
du musst nicht auf die Flaschen warten.
Das Festnetz wird modernisiert,
die alte Technik ausrangiert.

Dann installiert man hohle Leiter
für Höchstfrequenzen, und so weiter.
Des Weiteren kriegt dein PC
'nen neuen Drucker in 4D.

Quält dich in Zukunft mal dein Durst,
ist dir der Lieferservice Wurst.
Dann geht es schneller noch als Fliegen.
Dein Bier kannst du per Download kriegen.

Teeliebhaber

Ein jeder weiß seit eh und je:
Ostfriesen trinken gerne Tee.
Doch auch in vielen andren Staaten,
zum Beispiel bei den Asiaten,
und auf der Insel, bei den Briten,
gibt's täglich strenge Teatime-Riten.

In Frankreich ist der Tee – ich denk –
beinah ein Nationalgetränk.
Für Kaffee warn Franzosen nie,
denn schon beim Sturm auf die Bastille
erklang, so wahr wie ich hier steh,
aus tausend Kehlen „Lieber Tee".

Karpfen bestellen

„Sie wünschen Karpfen? Wie genau?
Verspeisen Sie ihn gerne ‚blau'?"
„Ich will zunächst den Fisch probieren,
Getränke erst danach servieren."

Zunehmender Hunger

Der Walter bleibt zu Hause sitzen,
er muss nicht mehr zur Arbeit flitzen.
Das Rentnerdasein war ihm wichtig,
doch glücklich ist er nicht so richtig.

Sein Bauchfett macht ihn ganz beklommen,
seit Jahren hat er zugenommen.
Er stöhnt beim Gehen, und beim Tanzen,
sehr hinderlich ist ihm sein Ranzen.

Sein Appetit wird täglich schlimmer,
denn Walter sagt: „Ich könnte immer.“
Doch dann reift die Erkenntnis Walters:
Das Essen ist der Sex des Alters.

Liebe ist ...

... noch jahrelang bei ihm verweilen
und Sorgen mit dem Mann zu teilen.
Die Sorgen teilen, die ihr Gatte
als Junggeselle gar nicht hatte.

Abstand bei Facebook

Ich will als einer von den Alten
sogar auf Facebook Abstand halten.
Drum bleib ich als ein Herzensguter
ein Meter Fünfzig weg vom Router.

Social distancing in der Kirche

Die Pandemie der Pandemien
macht vor der Kirchentür nicht Halt.
Die Einsicht ist auch **dort** gediehen,
heut gilt nicht mehr, was damals galt.

Gebote werden neu geschrieben,
damit man Abstand halten kann.
Du sollst nicht mehr den Nächsten lieben,
jetzt ist der Übernächste dran.

Läuse

Ob Staublaus, Tierlaus, Menschenlaus,
ob Pflanzenlaus, ob Bienenlaus,
überall schon sieht man Läuse,
im Supermarkt stehn Nikoläuse.

Die Kopflaus, die ist auch nicht dumm,
sie krabbelt in den Haaren rum.
Danach läuft dieser Juckreizgeber
mir grade über meine Leber.

Auch Smartphones sind nicht mehr gefeit.
Macht dort sich jetzt die App-Laus breit?
Das schließ ich kategorisch aus,
und außerdem heißt's: Der Applaus.

Erzeugt wird dieser mit den Händen.
Sie dürfen ihn nun kräftig spenden.

Es liegt am Alkohol

Mein Hausarzt sprach beim Kopfschmerz-Test:
„Ich stelle leider gar nichts fest."
Doch dann klang seine Stimme hohl:
„Ich glaub‘, das liegt am Alkohol."

Ich sagte: „Tschüss. Ich komm geschwind
zurück, sobald Sie nüchtern sind."

Blitzeis

Oft hört man im Radio
was von Blitzeis, oder so.
Gut ist, dass ich das jetzt weiß.
Gibt es auch ein Donnereis?

Schminken bis zum Abwinken
oder:
Was manche Frauen mit ihrem Äußeren machen ...

Des Morgens vor dem Spiegel stehend,
mit Skepsis sich ins Antlitz sehend,
doch wirken Augen, Mund und Nase
noch so, wie in der Rohbauphase.

Nun schnell das Beautycase benutzen,
um die Fassade zu verputzen.
Aus Tube, Flasche, Topf und Tiegel
für Schönheit pur mit Brief und Siegel.

*

Ein Händler für gebrauchte Wagen,
oh, würde der das gleiche wagen,
was Frauen, um es zu verstecken,
mit Spachtel, Fugenkitt bedecken,

der würd sofort für das Vergehen
die Strafanstalt von innen sehen.

Komplizierter geht es kaum noch. Hier ein Beispiel für einen Schachtelsatz:

„Mein besonderer Dank gilt dem dunkel gekleideten Zuhörer, der am Ende meiner letzten Lesung, die im Herzen von Wuppertal, wo das Hauptverkehrsmittel die Schwebebahn, die nur auf **einer** Schiene, welche sich an einem Stahlgerüst über der Wupper, die bei Opladen in den Rhein, den größten Strom unseres Landes, mündet, befindet, fährt, ist, stattgefunden hat, außergewöhnlich kräftigen Beifall spendete".

Aber es geht auch anders, wie das nachfolgende Gedicht beweist:

Schachtelsätze

Ich frag mich: „Bin ich noch zu retten?
Wo sind nur meine Zigaretten?"
Ich suche hektisch, immer wieder,
dann lasse ich mich endlich nieder
und hoffe, dass ich in der Hetze
mich nicht auf diese Schachtel setze.

Digital

Die Welt ist heute digital,
und analog, das war einmal.
Die erste Liebe war famos,
das Feuer in mir riesengroß.

Sie sprach, ich lass dich nie allein,
ich will auf ewig treu dir sein,
obwohl sie mich alsbald betrog.
Der Fall war klar, denn Anna log.

Zeitungsnotiz

Bei einem Brand im Haus am See
erlitt ein Mann der AFD
leichte Wunden an den Waden.
-
Menschen kamen nicht zu Schaden.

Bahnschranke in Ostfriesland

Ich fahr stadteinwärts in Gedanken
und plötzlich schließen sich die Schranken.
Nach kurzer Zeit komm ich zum Stehen,
kein Zug ist weit und breit zu sehen.

Und auf der Straße stehn Motoren,
als hätten Autos sie verloren.
Ich zähle sechs, - nein, sogar sieben.
Warum sind die hier stehn geblieben?

Doch dann ists klar, ich bin im Bilde.
Die Lösung steht dort auf dem Schilde:

„Leider dauert's fünf Minuten.
Tut nicht mit der Hupe tuten.
Wir bitten Euch, in solchen Fällen,
hier euren Motor abzustellen."

Körpersignale

Für dreizehn Euro „endlos" Kuchen?
Das Ding ist neu, das gabs noch nie.
Das würd ich gern einmal versuchen,
doch dazu braucht man Strategie.

Zum Frühstück gibt's nur eine Schnitte,
und nichts danach und nichts davor,
und gar nichts zu des Tages Mitte,
so gehe ich strategisch vor.

Mein Magen knurrt im Trainingslager,
ich geh in die Konditorei.
Noch bin ich ausgehungert, hager.
Dann geht es los, ich bin so frei.

Ich starte nun mit reichlich Sahne,
mit süßem Teig und Mandeln drauf.
Die Folgen ich noch nicht erahne,
jedoch zunächst kommt Freude auf

bei Butterkrem und Marmelade,
mit Nougat und mit Marzipan.
Hm, lecker, und entsetzlich schade,
dass ich's nicht täglich haben kann.

Körpersignale, Fortsetzung

Nun schaue ich zum Nabel runter
und stelle fest, noch passt was rein.
Ich esse weiter, flink und munter,
bei Kuchen sag ich niemals nein.

Das geht noch vier bis neun Minuten,
ich lasse mich so leicht verführ'n
doch muss ich mich allmählich sputen
will ich von **all**em was probier'n.

Dann knalle ich die Kuchengabel
auf meinen Tisch und das heißt Stopp.
Das Stoppsignal, es kommt vom Nabel,
denn dieser macht auf einmal: **Plopp.**

So gibt dein Bauch mit einem Male
dir eine Körperreaktion.
Drum, Völker höret die Signale,
der Sensenmann, er wartet schon.

Wahrheit oder Märchen?

Abschnitt 1
Es gibt Firmen, die laut Daten
ihre Kunden gut beraten,
klar und deutlich, ohne Schleier,
nennen wir sie Masch und Meier.

Es **geht** in den Beratungsstunden
Vor**rang**ig um das Wohl der Kunden.
Das ist gewiss, und klar wie Klärchen.
Beim nächsten Mal ein andres Märchen.

Abschnitt 2
Menschen, die sich niemals schonen,
haben irgendwann Millionen.
Hat man Milli**on**en schon mit dreißig,
dann ist man **sich**er äußerst fleißig.

Denn Reichtum schafft man nur am Ende
durch harte Arbeit seiner Hände.
Das gilt für alle Millionärchen.
Beim nächsten Mal ein andres Märchen

-

Abschnitt 3

Junge Frauen stehn zum Zwecke
ab und an auf „alte Säcke".
Die Liebe, sie verleiht ihr Flügel,
versichert sie mit Brief und Siegel.

Um Reichtum geht es ihr mitnichten.
Auf Mammon kann sie gern verzichten.
Sie liebt nur dieses Schmusebärchen.
Beim nächsten Mal ein andres Märchen.

Abschnitt 4

Politiker sind schlaue Leute,
sie führen diese Wählermeute
mit großem Weitblick durch die Zeiten,
und meistern die Unwägbarkeiten.

Die Weichen stellen sie stets richtig.
Des Volkes Wohl ist ihnen wichtig.
Keine Gefahr und kein Gefährchen.
Dies war für heut das letzte Märchen.

Und wenn sie nicht gestorben sind,
dann geht's noch ein paar Jährchen.
Dann freuen sie sich wie ein Kind
auf Renten wie im Märchen.

Autopilot innen*

Beim Fahren kann es uns passieren,
sind wir zu schnell, - versehentlich,
ein sattes Knöllchen zu kassieren.
Da ist der Staat nicht zimperlich.

Mit Fahrer-Assistenz-Systemen
erhöhen wir die Sicherheit,
die Wachsamkeit uns abzunehmen
durch High Tech pur am Puls der Zeit.

Geschwindigkeitsbegrenzungsschilder,
die werden vom System erkannt.
Im Display blinken bunte Bilder,
die Fahrer innen* sind entspannt.

Wird's Tempolimit überschritten,
gibt's einen Piepton, laut und schrill.
Da lässt man sich nicht lange bitten
und bremst ein bisschen, wenn man will.

(* innen im Auto)

Autopiloti:innen*, Fortsetzung

Doch Fortschritt ist nicht aufzuhalten
bei diesem Assistenz-System.
Es wird bald selbst die Fahrt gestalten.
Ist uns das wirklich angenehm?

Das Tempo wird nicht nur gemessen,
wird automatisch korrigiert.
Die Blitzer können wir vergessen.
Kein Knöllchengeld wird mehr kassiert.

Doch kann der Staat so existieren,
auf Dauer ohne Knöllchengeld,
anstatt den Anschluss zu verlieren,
den Anschluss an den Rest der Welt?

Ein Team soll sich Gedanken machen
für eine bessre Strategie,
das Tempo zwar zu überwachen,
beeinflusst werden soll es nie.

(* innen im Auto)

Autopilot innen*, Fortsetzung

Und jetzt gibt's eine Top-Erfindung:
Das Assistenz-System erhält
ne Elektronik-Bankverbindung,
zahlt automatisch Knöllchengeld.

So wird ein Pleitestaat vermieden,
direkt in Echtzeit fließt das Geld.
Die Fahrer innen* sind zufrieden,
oh, wunderbare Technikwelt.

(* innen im Auto)